अग्निरेखा

अग्निरेखा

महादेवी वर्मा

राजकमल प्रकाशन

ISBN : 978-81-7178-933-7

मूल्य : ₹395

पहला संस्करण : 1990
सातवाँ संस्करण : 2021

प्रकाशक : राजकमल प्रकाशन प्रा. लि.
1-बी, नेताजी सुभाष मार्ग, दरियागंज
नई दिल्ली-110 002

शाखाएँ : अशोक राजपथ, साइंस कॉलेज के सामने, पटना-800 006
पहली मंजिल, दरबारी बिल्डिंग, महात्मा गांधी मार्ग, प्रयागराज-211 001
36-ए, शेक्सपियर सरणी, कोलकाता-700 017

वेबसाइट : www.rajkamalprakashan.com
ई-मेल : info@rajkamalprakashan.com

मुद्रक : बी.के. ऑफसेट
नवीन शाहदरा, दिल्ली-110 032

AGNIREKHA
Poems by Mahadevi Verma

प्रकाशकीय

महादेवीजी की यह अंतिम काव्यकृति है और उनकी अनुपस्थिति में पहली। इसलिए इसका प्रकाशन जहाँ हमारे हृदय को गौरव और हर्षानुभूति से भर रहा है, वहीं उनके न होने की टीस को भी गहरा रहा है।

इसके प्रकाशन-संदर्भ में यह तथ्य रोमांचित करता है कि इसका नाम उन्हीं का रखा हुआ है और पांडुलिपि पर भी एक हद तक वे स्वयं कार्य कर गई थीं। फिर भी ऐसी अनेक रचनाएँ थीं, जो बाद में मिलीं और पांडुलिपि में शामिल की गईं; और कुछ ऐसी थीं, जिनके एकाधिक प्रारूप उपलब्ध थे।

महादेवी जी की इन कविताओं का सम्यक् मूल्यांकन तो सुहृदय और विद्वत समाज स्वयं करेगा, लेकिन उनके सर्वमान्य और स्थापित काव्य-स्वर से इनका स्वर निश्चय ही भिन्न है। किंचित परुष और आग्नेय। इन्हें पढ़ते हुए लगातार उस विषम काल-प्रवाह का अनुभव होता है, जो पिछले एक-डेढ़ दशक से महादेवीजी को क्षुब्ध और अशांत किए हुए था।

आशा है हिंदी जगत में, ऐतिहासिक महत्त्व की इस काव्यकृति का यथायोग्य स्वागत होगा।

महीयसी महादेवी

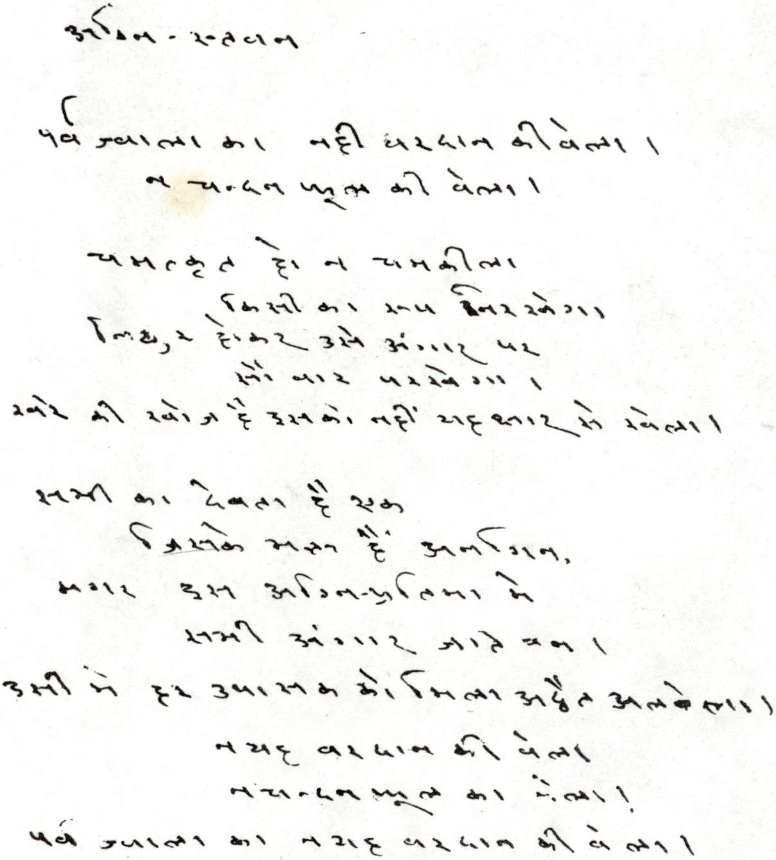

अग्नि-स्तवन

पथ ज्वाला का नहीं वरदान की वेला।
न चन्दन फूल की वेला।

चमत्कृत हो न चमकीला
किसी का रूप बिखरेगा।
निकष, हो कर उसे अंगार पर
सौ बार परखेगा।
खरे की खोज है उसको नहीं व्यवहार से खेला।

सभी का देवता है एक
जिसके मन्दिर हैं अनगिन,
मगर इस अग्नि-प्रतिमा से
सभी अंगार जाते बन।
इसी से हर उपासक को मिला अद्वैत अलबेला।
नहीं वरदान की वेला
न चन्दन फूल का मेला!
पथ ज्वाला का नहीं वरदान की वेला।

महादेवीजी की हस्तलिपि में एक काव्यांश

क्रम

पर्व ज्वाला का, नहीं वरदान की वेला ! 11
पूछो न प्रात की बात आज 13
वंशी में क्या अब पाञ्चजन्य गाता है ? 14
आँखों में अंजन-सा 15
किस तरंग ने इसे छू लिया 17
नभ आज मनाता तिमिर-पर्व 19
यह व्यथा की रात का कैसा सबेरा है ? 21
घन तिमिर में हो गया प्रहरी यही दीपक हमारा। 23
बाँच ली मैंने व्यथा की बिन लिखी पाती नयन में ! 27
दीपक, अब रजनी जाती रे ! 29
यह तो वह विष नहीं, मिला जो 30
रात के इस सघन अँधेरे से जूझता 32
सृजन के विधाता ! कहो आज कैसे 34
इंद्रधनुष पर बाण चढ़ा विद्युत् फलों के 36
हे धरा के अमर सुत ! तुझको अशेष प्रणाम ! 39
यह विदा-वेला। 42
बंग-भू शत वंदना ले। 46
अश्रु यह पानी नहीं है, यह व्यथा चंदन नहीं है ! 49
दुःख आया अतिथि द्वार 51
धूलि के जिन लघु कणों में है न आभा प्राण 53
कहाँ ऊग आया है तू हे बीज अकेला ? 54
वेदना यह प्राण छंदस की सजल अक्षय कला है। 56
तुम तो हारे नहीं तुम्हारा मन क्यों हारा है ? 58
क्यों पाषणी नगर बसाते हो जीवन में ? 59
न रथ-चक्र घूमे न पग-चाप आई 61
वीणावादिनि ! कस लिया आज क्या अग्नि-तार ? 63
नहीं हलाहल शेष, तरल ज्वाला से अब प्याला भरती हूँ। 65
चातकी हूँ मैं किसी करुणा-भरे घन की। 67
टकरायेगा नहीं आज उद्धत लहरों से 69
राह थी अँधेरी पर गीत संग-संग चला ! 71

अग्नि-स्तवन

पर्व ज्वाला का, नहीं वरदान की वेला!
न चन्दन फूल की वेला!

चमत्कृत हो न चमकीला
किसी का रूप निरखेगा,
निठुर होकर उसे अंगार पर
सौ बार परखेगा
खरे की खोज है इसको, नहीं यह क्षार से खेला!

किरण ने तिमिर से माँगा
उतरने का सहारा कब?
अकेले दीप ने जलते समय
किसको पुकारा कब?
किसी भी अग्निपंथी को न भाता शब्द का मेला!

किसी लौ का कभी सन्देश
या आह्वान आता है?
शलभ को दूर रहना ज्योति से
पल-भर न भाता है!
चुनौती का करेगा क्या, न जिसने ताप को झेला!

खरे इस तत्व से लौ का
कभी टूटा नहीं नाता
अबोला, मौन भाषाहीन
जलकर एक हो जाता!
मिलन-बिछुड़न कहाँ इसमें, न यह प्रतिदान की वेला!

सभी का देवता है एक
जिसके भक्त हैं अनगिन,
मगर इस अग्नि-प्रतिमा में
सभी अंगार जाते बन!
इसी में हर उपासक को मिला अद्वैत अलबेला!

न यह वरदान की वेला
न चन्दन फूल का मेला!
पर्व ज्वाला का, न यह वरदान की वेला!

गीत

पूछो न प्रात की बात आज
आँधी की राह चलो।

जाते रवि ने फिर देखा क्या भर चितवन में?
मुख-छबि बिंबित हुई कणों के हर दर्पण में!
दिन बनने के लिए तिमिर को
भरकर अंक जलो!

ताप बिना खण्डों का मिल पाना अनहोना,
बिना अग्नि के जुड़ा न लोहा-माटी-सोना।
ले टूटे संकल्प-स्वप्न उर-
ज्वाला में पिघलो!

तुमने लेकर तिमिर-भार क्या अपने काँधे,
तट पर बाँधी तरी, चरण तरिणी से बाँधे?
कड़ियाँ शत-शत गलें स्वयं
अंगारों पर बिछलो।

रोम-रोम में वासन्ती तरुणाई झाँकी,
तुमने देखी नहीं मरण की वह छवि बाँकी!
तिमिर-पर्व में गलो अजर
नूतन में आज ढलो!
आज आँधी के साथ चलो!

गीत

वंशी में क्या अब पाञ्चजन्य गाता है?

शत शेष-फणों की चल मणियों से अनगिन,
जल-जल उठते हैं रजनी के पद-अंकन,
केंचुल-सा तम-आवरण उतर जाता है!

छू अनगढ़ समय-शिला को ये दीपित स्वर,
गढ़ छील, कणों को बिखराते धरती पर,
आकार एक ही, पर निखरा आता है।

लय ने छू-छूकर यह छायातन सपने,
कर दिये जगा, जाने-पहचाने अपने,
चिर सत्य पलक-छाया में मँडराता है।

मेघों में डूबा सिन्धु किरण में आँधी,
एक ही पुलिन ने जीवन-सरिता बाँधी,
अब आर-पार-तरिणी से क्या नाता है?

शत-शत वसन्त पतझर में बोले हौले,
तम से, विहान मनुहारें करते डोले,
हर ध्वंस-लहर में जीवन लहराता है।

वंशी में क्या अब पाञ्चजन्य गाता है?

गीत

आँखों में अंजन - सा
आँजो मत अंधकार !

तिमिर में न साथ रही
अपनी परछाईं भी,
सागर नभ एक हुए
पर्वत औ' खाई भी,
मेघ की गुफाओं में बन्दी जो आज हुआ,
सूरज वह माँग रहा
तुमसे अब दिन उधार !

कुंडली में कसता जग
क्षितिज हुआ महाव्याल
शृंखला बनाता है
क्षण-क्षण को जोड़ काल,
रात ने प्रभंजन की आहट भी पी ली है,
दिशि-दिशि ने प्रहरों के
मूँद लिए वज्र - द्वार !

हीरक नहीं जो जड़े
मुकुटों में जाते हैं,

मोती भी नहीं हैं
इन्हें वेध कौन पाते हैं?
ज्वालामुखियों में पले सपने ये अग्नि-विहग
लपटों के पंखों पर
कर लेंगे तिमिर पार।
विश्व आज होगा
चिनगारियों का हरसिंगार!

गीत

किस तरंग ने इसे छू लिया
मन अब लहरों-सा बहता है!

पाल उड़ा डाले पक्षी-से,
नभ की ओर खोलकर इसने,
फिर फेंकी पतवार अतल में
तरणी आज डुबा दी इसने।
अब न किसी तट पर रुकने का
यह कोई बंधन सहता है!
लहरों में ही मन बहता है!

लहरें बहतीं किस सागर में
सागर मिल जाता है किसमें,
ज्ञात नहीं किस तट से आया
अब यह ठहरेगा किस तट में,
देश ज्ञात ही नहीं ध्यान
इसको न कभी दिशि का रहता है!
मन अब लहरों-सा बहता है!

पहुँचेगा यह वहीं जहाँ
इसको प्रवाह यह पहुँचाएगा!

लक्ष्य वही इसका होगा
जिसको यह सागर बतलाएगा!
पाल, तरी, पतवारें, भूला
अपने को सागर कहता है!
लहरों-सा ही मन बहता है!

गीत

नभ आज मनाता तिमिर-पर्व,
धरती रचती आलोक-छंद।

नीला सहस्रदल - अंधकार
खिल घेर रहा दिशि-चक्रवाल।
तृण-कण को केशर-किंशुक कर
लौ की जलती निधियाँ सँभाल,
उड़ धूम-पंख पर चले विकल
दीपक-अलियों के वृंद-वृंद!

लहराया सागर-सा विषाद
जीवन के तट डूबे अजान,
स्वप्नों की रत्नच्छाय तरी
तिरती लपटों के पाल तान!
ज्योतिस्पंदन से भेंट धरा
लहरों में भरती विधु-स्पंद!

हिम से आँसू-कण वेध रहे
चितवन के झीने स्वर्ण-तार,
दिन के पथ में उजले पीले
बरसे आभा के हरसिंगार.

उर के अंगारक-पाटल से
छलका यह किरणों का मरंद।

ज्वाला के साँचे में ढाला
भू ने अपना नवनीत प्रात।
शत अर्चि-शिखाओं में पुलकित
लेकर अपना चिर श्याम गात
बालारुण के छाया-पग से
लौटी जाती निशि मंद-मंद।

स्वर-ताल हो गए चक्र-युगल
औ' अक्ष बन गई लय भास्वर,
यति में है गति की रश्मि सजग
अक्षर-अक्षर के बाह अजर,
दीपक-पथ से नभ ओर चला
रज के गीतों का अग्नि-स्यंद।

अनमिल दीपों में स्नेह एक
वर्ती शत ज्वलन-पिपास एक,
दीपों को रखता क्षार भिन्न
शलभों को करती आग एक।
साँसों के निर्झर ने बाँधा
जड़ का ज्वाला का अमिट द्वंद्व।

गीत

यह व्यथा की रात का कैसा सबेरा है?

ज्योति-शर से पूर्व का
रीता अभी तूणीर भी है,
कुहर-पंखों से क्षितिज
रूँधे विभा का तीर भी है,
क्यों लिया फिर श्रांत तारों ने बसेरा है?

छंद-रचना-सी गगन की
रंगमय उमड़े नहीं घन,
विहग-सरगम में न सुन
पड़ता दिवस के यान का स्वन,
पंक-सा रथचक्र से लिपटा अँधेरा है।

रोकती पथ में पगों को
साँस की जंजीर दुहरी,
जागरण के द्वार पर
सपने बने निस्तंद्र प्रहरी,
नयन पर सूने क्षणों का अचल घेरा है।

दीप को अब दूँ विदा, या
आज इसमें स्नेह ढालूँ?
दूँ बुझा, या ओट में रख
दग्ध बाती को सँभालूँ?
किरण-पथ पर क्यों अकेला दीप मेरा है?
यह व्यथा की रात का कैसा सबेरा है?

आलोक पर्व

घन तिमिर में हो गया प्रहरी यही दीपक हमारा।
हैं अमर निधियाँ तुम्हारी
दीप माटी का हमारा!

सप्त - अश्वारथ सहस्रों
रश्मियाँ जिसको मिली थीं,
और बारह रंग की
तेजसमयी आकृति खिली थी,

छू सकी जिसको न आँधी
रोकता कब है प्रभंजन?
उदयगिरि की भी शिलाएँ
रोकतीं जिसका न स्यंदन!
जग डुबाकर डूब जाता यह अमर दिनकर तुम्हारा!
दीप माटी का हमारा!

ढालती धरती इसे जब
प्राण ज्वाला में तपाती,
और कोमल फूल ही से
तूल की बाती बनाती,

स्नेह की हर बूँद सबसे
माँगकर इसमें मिलाती,
चेतना का ऋण सभी से
ले उसी से लौ जलाती,
पुत्र धरती का यही है जो कभी तम से न हारा!
दीप माटी का हमारा!

तिमिर का बंदी हुआ है,
अब गगनचुम्बी हिमालय,
सिंधु की उत्तुंग लहरों का,
हुआ अस्तित्व भी लय,

दिवस शिल्पी के उकेरे
चित्र अब अनगढ़ शिला है,
किंतु रवि का दाय लेने का
किसे साहस मिला है?
नमन कर सबको चुनौती-सी ज्वलित लौ को सँवारा!
दीप माटी का हमारा!

काल की उच्छल तरंगों में
चला दीपक अकेला।
कौन-सी तम की चुनौती
है जिसे इसने न झेला?

दृष्टि-धन बाँटा सभी को
छंद आकृति को दिया है,

राख थी जिसकी नियति
अंगार को रसमय किया है!
है अमा का पर्व इससे दीप्त दोपहरी तुम्हारा!
दीप माटी का हमारा!

छिन्न जीवन-पृष्ठ जिन पर
अनलिखी दुख की कथाएँ,
और बिखरे पृष्ठ जिन पर,
बोलतीं सुख की प्रथाएँ,

ज्योति-कण से बीन इसने
सब सँजोये, स्वप्न खोये,
काल लहरों में उगे जो
नये जीवन-बीज बोये!
बाँच देखो बन गया यह मर्म का छान्दस् तुम्हारा!
दीप माटी का हमारा!

एक मे अब जल उठे
दीपक सहस्रों शेष क्या है?
आज लौ का मोल क्या है
तोल क्या है देश क्या है?
बाँट देगा यह सभी आलोक
जब दिन लौट आए,
क्या दिवस पथ में बिछे यह,
या किरण में मुस्कराए,

यह न माँगेगा तिमिर के सिंधु से कोई किनारा!
यह सजग प्रहरी तुम्हारा,
दीप माटी का हमारा!

गीत

बाँच ली मैंने व्यथा की बिन लिखी पाती नयन में!
मिट गए पदचिह्न जिन पर
हार छालों ने लिखी थी,
खो गए संकल्प जिन पर
राख सपनों की बिछी थी,
आज जिस आलोक ने सबको मुखर चित्रित किया है
जल उठा वह कौन-सा दीपक बिना बाती नयन में!

कौन पंथी खो गया अपनी
स्वयं परछाइयों में,
कौन डूबा है स्वयं कल्पित
पराजय - खाइयों में,
लीक जय-रथ की इसे तुम हार जीवन की न मानो,
कौंधकर यह सुधि किसी को आज कह जाती नयन में!

सिंधु जिसको माँगता है
आज बड़वानल बनाए,
मेघ जिसको माँगता
आलोक प्राणों में जलाए,
आँसुओं का ज्वार भी जिसको डुबा पाता नहीं है
कौन जल में रख गया है ज्वाल की थाती नयन में?

अब नहीं दिन की प्रतीक्षा है
न माँगा है उजाला,
श्वास ही अब लिख रही
चिनगारियों की वर्णमाला!
अश्रु की लघु बूँद में अवतार शत-शत सूर्य के हैं
अब दबे पैरों उषाएँ लौट जाती हैं नयन में!

बाँच ली मैंने व्यथा की बिन लिखी पाती नयन में!

गीत

दीपक, अब रजनी जाती रे!

जिनके पाषाणी शापों के
तूने जल-जल बंध गलाए,
रंगों की मूठें तारों के
खील वारतीं आज दिशाएँ,
तेरी खोयी साँस विभा बन
भू से नभ तक लहराती रे!

लौ की कोमल दीप्त अनी से
तम की एक अरूप शिला पर,
तूने दिन के रूप गढ़े शत
ज्वाला की रेखा अंकित कर,
अपनी कृति में आज अमरता
पाने की बेला आती रे!

धरती ने हर कण सौंपा,
उच्छ्वास शून्य विस्तार गगन ने,
न्यास रहे आकार, धरोहर
स्पन्दन की सौंपी जीवन ने,
अंगारों के तीर्थ! स्वर्ण कर
लौटा दे सब की थाती रे!
दीपक अब रजनी जाती रे!

ओ विषपायी

यह तो वह विष नहीं, मिला जो
तुम्हें क्षीर-सागर-मंथन से,
जो शीतल हो गया तुम्हारे
शीतल गंगा के जलकण से,
क्षीर सिंधु की लहरों में पल,
विधु की विमल चाँदनी में मिल,
होकर गरल अमृत की जिसने
सहज सहोदरता थी पाई!
ओ विषपायी!

पान किया पर तुमने इसको
शिरा-शिरा में नहीं उतारा,
कंबु-कंठ में अब तक है जो
नीला लांछन बना तुम्हारा!
ज्वलित नयन की चितवन में छन,
भस्म हुआ कब बना रसायन,
तुम मृत्युंजय रहे किंतु है
महा मृत्यु जिसकी परछाईं!
ओ विषपायी!

पर जीवन सागर-मंथन से
निकला है जो घोर हलाहल,
वह विष का नवनीत महाविष,
जिससे दग्ध काल के युग पल,
पलकों के सम्पुट में भरकर
कुछ आँसू की बूँद मिलाकर,
विष को अमृत किया मनुज ने
अपने लिए मृत्यु अपनाई
ओ विषपायी !

तब से दोनों साथ चल रहे
जहाँ आदि है वहीं अंत है,
रात, दिवस-किरणें बुनती हैं
पतझर ही लाता बसंत है !
फूल खिलाने पत्र झरे हैं,
रीते होने मेघ भरे हैं।
नहीं मृत्यु पर विजय, मरण से
मानव ने नूतनता पाई !
ओ विषपायी !

रुद्र, तुम्हारा महानाश
का नर्तन तांडव
आज हमारे लिए हुआ
नवजीवन - उत्सव,
नहीं स्वप्न से आँखें रीती
स्वर्ग नहीं यह धरती जीती !
जिसमें जन्म नहीं मुस्काया
हुई पुरातन वह तरुणाई !
ओ विषपायी !

गीत

रात के इस सघन अँधेरे से जूझता
सूर्य नहीं, जूझता रहा दीपक!

कौन-सी रश्मि कब हुई कम्पित,
कौन आँधी वहाँ पहुँच पाई?
कौन ठहरा सका उसे पल-भर,
कौन-सी फूँक कब बुझा पाई?
ज्योतिधन सूर्य है गगन का ही,
पर तुम्हारा सृजन यही दीपक!

यत्न से वर्तिका बनाई थी
स्नेह अनुराग से अथक ढाला,
खोज अंगार जब लिया तुमसे,
तब कहीं लौवती हुई ज्वाला!
शिल्प यह प्राण का तुम्हारा है
सूर्य से लघु नहीं कभी दीपक!

देव मंदिर कुटीर चौराहा
हो जहाँ अंधतम इसे धर दो,
दीप आकाश का बना दो या
तुम समर्पित तरंग को कर दो

यह तुम्हारे अमर समर्पण की
एक पहचान-सा जला दीपक!

सिंधु में पोत पंथ पा लेंगे
हर कुटी ज्योति द्वीप-सी होगी
राह में फिर पथिक न भूलेंगे
दृष्टि आलोक सीप-सी होगी
तुम भले प्रात ही बुझा देना
रात में सूर्य से बड़ा दीपक!

यह तुम्हारा सृजन जला दीपक!

गीत

सृजन के विधाता! कहो आज कैसे
कुशल उँगलियों की प्रथा तोड़ दोगे?
अमर शिल्प अपना बना तोड़ दोगे?

युगों में गढ़े थे धवल-श्याम बादल,
न सपने कभी बिजलियों ने उगाए
युगों में रची साँझ लाली उषा की
न पर कल्पना - बिंब उनमें समाये
बनाए तभी तो नयन दो मनुज के
जहाँ कल्पना - स्वप्न ने प्राण पाए!
हँसी में खिली धूप में चाँदनी भी
दृगों में जले दीप में मेघ छाए!
मनुज की महाप्राणता तोड़कर तुम
अजर खंड इसके कहाँ जोड़ दोगे?

बनाए गगन और ज्योतिष्क कितने,
बिना श्वास पाषाण ही की कथा है,
युगों में बनाए भरे सात सागर
तृषित के लिए घूँट भी चिर कथा है!
कुलिश-फूल दोनों मिलाकर तुम्हीं ने

गढ़ी नींद में थी कभी एक झाँकी
सजग हो तराशा किए मूर्ति अपनी,
कठिन और कोमल सरल और बाँकी !
लिए शिव चली जो अथक प्राण गंगा,
इसे किस मरण सिंधु में मोड़ दोगे ?

बने हैं भले देव मंदिर अनेकों
सभी के लिए एक यह देवता है,
स्वयं तुम रहे हो सदा आवरण में
इसी में उजागर तुम्हारा पता है !
सदा अधबनी मूर्ति देती चुनौती,
इसी को कलशदीप्त मंदिर मिलेगा,
न ध्वनि शंख की है, न पूजन न वंदन,
गहन अंध तम में न दीपक जलेगा !
सृजन के विधाता इसी शून्य में क्या
मनुज देवता अधबना छोड़ दोगे ?
कुशल उँगलियों की प्रथा तोड़ दोगे ?
अजर शिल्प अपना बना तोड़ दोगे !

हिमालय

इंद्रधनुष पर बाण चढ़ा विद्युत् फूलों के
कामदेव-सा घिर-घिरकर आता है बादल,
नहीं वेध पाता पाषाणी कवच तुम्हारा
नहीं खुला पाता आग्नेयी नयन अचंचल,
समाधिस्थ तुम रहे सदा ही मौन हिमालय!

शुभ्र हिमानी प्रज्ञा का रख जटाजूट शिर
बैठे हो युग-युग से किसके ध्यानमग्न-मन
रोम-रोम से तुम पाषाणी कवच हो गए
वज्र हो गया पुष्प घाटियोंवाला मृदुतन
यह अबूझ तप है किसके हित मौन हिमालय?

दावानल लेकर आँधी के झोंके आते
छूकर तुमको मलय समीरण वन-वन जाते,
कभी अग्निमय कभी चंदनी किरणें लेकर
रवि-शशि आते किंतु हार पग पर रख जाते,
नहीं अर्चना-पूजा की भी साध हिमालय!

ताप-दग्ध रविकर से होकर व्याकुल जिस दिन
धरती करती शब्दहीन-सा प्यासा क्रंदन,

शत-शत कवच अभेद्य भेदकर सहस्रार तक
पहुँची है नीरव पुकार भी तुम तक उस क्षण,
कैसा है यह कवच शिला का मौन हिमालय!

ध्यान भंग टूटी समाधि खुल जातीं पलकें
दुख की करुण पुकार बना जाती आकुल मन,
नहीं नयन में किंतु जलानेवाली ज्वाला
झलका एक बूँद जल ही का तरल अश्रुकण!
करुणा की गंगा होती क्या स्रवित हिमालय!

शिव के जटाजूट की प्रति लट में विचरण कर
इसने कर दी शांत तीसरे दृग की ज्वाला
ताण्डवरत पग थाम लिया है इसने झुककर
रुद्र-चरण को पहना दी लहरों की माला!
द्रवित हृदय की वन्या है यह मौन हिमालय!

सिंह-वृषभ औ' अहि-मयूर का द्वेष शमन कर
संधिपत्र लहरों में लिखवा एक किया है
नहीं भस्म से नहीं गरल से विषपायी का
एक बूँद आँसू से ही अभिषेक किया है!
कर नूतन सर्जना रहे हो मौन हिमालय!

अब धरती का रोम-रोम है विद्ध शरों से
शर-शैया पर व्याप्त गूँजता आकुल रोदन,
द्रवित न होंगे प्राण न हलचल से अस्थिर मन
करुणा की गंगा का होगा क्या न अवतरण?
क्या यह नूतन जन्म तुम्हारा मौन हिमालय!

क्या मरु का विस्तार हो गया वह करुणा-कण
फूलों की मधुहँसी प्यास का क्षार हो गई,
यह किसका अभिशाप तुम्हें घेरे है गिरिवर ?
वह नवनीत हिमानी अब पाषाण हो गई !
किन चरणों की राह देखते आज हिमालय ?

बापू को प्रणाम *

हे धरा के अमर सुत! तुझको अशेष प्रणाम!
जीवन के अजस्र प्रणाम!
मानव के अनंत प्रणाम!
दो नयन तेरे धरा के अखिल स्वप्नों के चितेरे,
तरल तारक की अमा में बन रहे शत-शत सबेरे,
पलक के युग शुक्ति-सम्पुट मुक्ति-मुक्ता से भरे ये,
सजल चितवन में अजर आदर्श के अंकुर हरे ये,
विश्व जीवन के मुकुर दो तिल हुए अभिराम!
चल क्षण के विराम! प्रणाम!

वह प्रलय उद्दाम के हित अमिट वेला एक वाणी,
वर्णमाला मनुज के अधिकार की भू की कहानी,
साधना अक्षर अचल विश्वास ध्वनि-संचार जिसका,
मुक्त मानवता हुई है अर्थ का संसार जिसका,
जागरण का शंख-स्वन, वह स्नेह-वंशी-ग्राम!
स्वर-छांदस् विशेष! प्रणाम!

साँस का यह तंतु है कल्याण का निःशेष लेखा,
घेरती है सत्य के शत रूप सीधी एक रेखा,

* पूज्य बापू को श्रद्धांजलि।

नापते निश्वास बढ़-बढ़ लक्ष्य है अब दूर जितना,
तोलते हैं श्वास चिर संकल्प का पाथेय कितना?
साध कण-कण की सँभाले कंप एक अकाम!
नित साकार श्रेय! प्रणाम!

कर युगल बिखरे क्षणों की एकता के पाश जैसे,
हार के हित अर्गला, तप-त्याग के अधिवास जैसे,
मृत्तिका के नाल जिन पर खिल उठा अपवर्ग-शतदल,
शक्ति की पवि-लेखनी पर भाव की कृतियाँ सुकोमल,
दीप-लौ-सी उँगलियाँ तम-भार लेतीं थाम!
नव आलोक-लेख! प्रणाम!

स्वर्ग ही के स्वप्न का लघुखंड चिर उज्ज्वल हृदय है,
काव्य करुणा का, धरा की कल्पना ही प्राणमय है,
ज्ञान की शत रश्मियों से विच्छुरित विद्युत छटा-सी
वेदना जग की यहाँ है स्वाति की क्षणदा घटा-सी
टेक जीवन-राग की उत्कर्ष का चिर याम!
दुख के दिव्य शिल्प! प्रणाम!

युग चरण दिव औ' धरा की प्रगति पथ में एक कृति है,
न्यास में यति है सृजन की, चाप अनुकूला नियति है,
अंक हैं रज-अमरता के संधि-पत्रों की कथाएँ,
मुक्त गति में जय चली, पग से बँधी जग की व्यथाएँ,
यह अनंत क्षितिज हुआ इनके लिए विश्राम!
संसृति - सार्थवाह! प्रणाम!

शेष शोणित-बिंदु नत भू-भाल पर है दीप्त टीका,
यह शिराएँ शीर्ण रसमय कर रहीं स्पंदन सभी का,
ये सृजनजीवी, वरण से मृत्यु के कैसे बनी हैं?
चिर सजीव दधीचि! तेरी अस्थियाँ संजीवनी हैं!
स्नेह की लिपियाँ दलित की शक्तियाँ उद्दाम!
इच्छाबंध मुक्त! प्रणाम!

चीरकर भू-व्योम को प्राचीर हों तम की शिलाएँ,
अग्निशर-सी ध्वंस की लहरें जला दें पथ-दिशाएँ,
पग रहें सीमा, बनें स्वर रागिनी सूने निलय की,
शपथ धरती की तुझे औ' आन है मानव-हृदय की,
यह विराग हुआ अमर अनुराग का परिणाम!
हे असिधार-पथिक! प्रणाम!

शुभ्र हिम-शतदल-किरीटिनि, किरण-कोमल-कुंतला जो,
सरित-तुंग-तरंगमालिनि, मरुत-चंचल-अंचला जो,
फेन-उज्ज्वल अतल सागर चरणपीठ जिसे मिला है,
आतपत्र रजत-कनक-नभ चलित रंगों से घुला है,
पा तुझे यह स्वर्ग की धात्री प्रसन्न प्रकाम!
मानव-वर! असंख्य प्रणाम!

विदा-वेला !*

यह विदा-वेला।
अर्चना-सी आरती-सी यह विदा-वेला।

धूलि की लघु वीण ले छू तार मृदु तृण के लचीले,
चुन सभी बिखरे कथा-कण हास-भीने अश्रु-गीले,
गीत मधु के, राग घन के, युग विरह के, क्षण मिलन के,
गा लिए जिसने सभी स्वर नमित भू, उन्नत गगन के,
साथ जिसकी उँगलियों के सृजन-पारावार खेला,
आज अभिनव लयवती उसकी विदा-वेला।
अमर वेला।

पंख पर आरोह के, चिर सत्य के उपहार घूमें,
पुलिन पा अवरोह के, रस-रूप-रँग के ज्वार झूमें,
शरद-स्मिति-सी दूध धोई, अतल मधु जल में भिगोई,
आँसुओं के कुन्द वन-सी रागिनी पल-भर न सोई।
कंठ में जिसके हुआ है हर चिरंतन स्वर नवेला।
यह उसी की मूर्च्छना-शिंजित विदा-वेला।
अमर वेला।

---

* कवीन्द्र रवींद्र के महाप्रस्थान पर लिखित।

तप बना आकाश विस्तृत साधना सुख का सबेरा,
सांध्य-रंगों से भरा अनुराग था सबका बसेरा,
गीत में जयघोष भी था हास में आलोक भी था,
शक्ति-झंझा में बसा नवनीत हिम का लोक भी था!
बह चली करुणा-सरित ले साथ अपने तडित्-वेला!
वीण-नंदित, शंख-वंदित यह विदा-वेला।
अमर वेला।

धीर वट की दी न नीप अशोक मन-विश्राम की दी,
ज्वाल में उसने हमें नित छाँह प्रेमिल प्राण की दी!
छबि धरा की ले नयन में भर व्यथा के छंद मन में,
बाँध आकुल विश्व का संदेश सब प्रस्थान-क्षण में,
मृत्यु के चिर श्याम अंचल में चला करने उजेला।
यह उसी आलोक-वाही की विदा-वेला।
अमर वेला।

वह चला जिसके पगों ने शूल फूल बना समेटे,
वह चला जिसके दृगों ने सत्य कर-कर स्वप्न भेंटे,
पुलक से सब क्षण बसाए साँस से कण-कण मिलाए,
अमर अंकुर साध के चिर प्यास के मरु में उगाए,
अंक जिसके रह गए बन दीपकों का एक मेला!
आज दीपाली हुई उसकी विदा–वेला।
अमर वेला।

जो क्षितिज के पार पहुँचे, ओ विहग! वह लय मिलाओ,
भर दिशाएँ शून्य छलकाकर सुमन! साँसें लुटाओ,

दीन अब चातक न बोले वात घायल-सी न डोले,
बढ़ अलक्षित तीर छू ले धीर सागर आज हौले,
अब चला गायक धरा का हँस अमर पथ में अकेला।
ध्वनित अंतिम चाप से उसकी विदा-वेला!
अमर वेला!

सौंप दी वह वीण उसने रिक्त कर ली आज झोली,
सब लुटाकर सिद्धियाँ पुलकित करों से नाव खोली,
मत कहो निस्पंद तम है, वह अमर तट चिर अगम है,
प्राण में संकल्प उसकी भृकुटियों पर दीप्त श्रम है।
बंधनों की चाह से वह मुक्ति-पथ में भी दुकेला,
अजर वरदानी अतिथि की यह विदा-वेला।
अमर वेला।

जग उठे मधुमास बन पतझार सब जिसके सहारे,
आज क्या प्रतिदान में देंगे उसे दो बूँद खारे?
कलश जीवन स्नेह जल हो हर नयन शतदल कमल हो,
'पंथ शुभ' निश्वास औ' साँसें कहें 'चिर मिलन पल हो'।
भेंट में उसको हृदय विश्वास का संसार दे ला!
स्वर्ग-भू की संधि-सी है यह विदा-वेला!
अमर वेला।

स्वर-निमंत्रित हम चले कब सुन कथा का शेष पाया,
चाप से आहूत पहचाने न पथ का अंत आया,
स्वस्ति जीवन के पुजारी! स्वस्ति सत्-चित्-पंथ चारी!

स्वस्ति लय जो बन चुकी है आज उर-कंपन हमारी!
स्वस्ति यह सुधि पा जिसे हमने विरह का भार झेला!
यह तुम्हारे हास से रंजित विदा-वेला!
यह हमारे अश्रु से सिंचित विदा-वेला!
अमर वेला!

बंग-वंदना *

बंग-भू शत वंदना ले।
भव्य भारत की अमर कविता हमारी वंदना ले!

अंक में झेला कठिन अभिशाप का अंगार पहला,
ज्वाल के अभिषेक से तूने किया शृंगार पहला,
तिमिर - सागर हरहराता,
संतरण कर ध्वंस आता,
तू मनाती ले हलाहल घूँट में त्यौहार पहला,
नीलकंठिनि! सिहरता जग स्नेह कोमल-कल्पना ले।

वेणुवन में भटकता है एक हाहाकार का स्वर,
आज छाले-से जले जो भाव-से थे सुभर पोखर,
छंद-से लघु ग्राम तेरे,
खेत लय-विश्राम तेरे,
बह चला इन पर अचानक नाश का निस्तब्ध सागर!
जो अचल वेला बने तू आज वह गति-साधना ले!

शक्ति की निधि अश्रु से क्या श्वास तेरे तोलते हैं?
आह तेरे स्वप्न क्या कंकाल बन-बन डोलते हैं?

---

* बंगाल के अकाल पर लिखित।

अस्थियों की ढेरियाँ हैं,
जम्बुकों की फेरियाँ हैं?
'मरण केवल मरण' क्या संकल्प तेरे बोलते हैं?
भेंट में तू आज अपनी शक्तियों की चेतना ले!

किरण-चर्चित, सुमन-चित्रित, खचित स्वर्णिम बालियों से
चिर हरित पट है मलिन शत-शत चिता-धूमालियों से,
गृद्ध के पर छत्र छाते,
अब उलूक विरुद सुनाते,
अर्घ्य आज कपाल देते शून्य कोटर-प्यालियों से!
मृत्यु क्रंदन गीत गाती हिचकियों की मूर्च्छना ले।

भृकुटियों की कुटिल लिपि में सरल सृजन विधान भी दे,
जननि अमर दधीचियों को अब कुलिश का दान भी दे,
निशि सघन बरसातवाली,
गगन की हर साँस काली,
शून्य धूमाकार में अब अर्चियों का प्राण भी दे!
आज रुद्राणी! न सो निष्फल पराजय-वेदना ले!

तुंग मंदिर के कलश को धो रहा 'रवि' अंशुमाली,
लीपती आँगन विभा से वह 'शरद' विधु की उजाली,
दीप-लौ का लास 'बंकिम'
पूत-धूम 'विवेक' अनुपम,
रज हुई निर्माल्य छू 'चैतन्य' की कंपन निराली,
अमृत-पुत्र पुकारते तेरे अजर आराधना ले!

बोल दे यदि आज, तेरी जय प्रलय का ज्वार बोले,
डोल जा यदि आज, तो यह दम्भ का संसार डोले,
उच्छ्वसित हो प्राण तेरा,
इस व्यथा का हो सवेरा,
एक इंगित पर तिमिर का सूत्रधार रहस्य खोले!
नाप शत अंतक सके यदि आज नूतन सर्जना ले!

भाल के इस रक्त-चंदन में ज्वलित दिनमान जागे,
मंद्र सागर तूर्य पर तेरा अमर निर्माण जागे,
क्षितिज तमसाकार टूटे,
प्रखर जीवन-धार फूटे,
जाह्नवी की ऊर्मियाँ हों तार भैरव-राग जागे!
ओ विधात्री! जागरण के गीत की शत अर्चना ले!

ज्ञान-गुरु इस देश की कविता हमारी वंदना ले!
बंग–भू शत वंदना ले।
स्वर्ण-भू शत वंदना ले!

गीत

अश्रु यह पानी नहीं है, यह व्यथा चंदन नहीं है!

यह न समझो देव पूजा के सजीले उपकरण ये,
यह न मानो अमरता से माँगने आए शरण ये,
स्वाति को खोजा नहीं है औ' न सीपी को पुकारा,
मेघ से माँगा न जल, इनको न भाया सिंधु खारा!
शुभ्र मानस से छलक आए तरल ये ज्वाल मोती,
प्राण की निधियाँ अमोलक बेचने का धन नहीं है।
अश्रु यह पानी नहीं है, यह व्यथा चंदन नहीं है!

नमन सागर को नमन विषपान की उज्ज्वल कथा को
देव-दानव पर नहीं समझे कभी मानव प्रथा को,
कब कहा इसने कि इसका गरल कोई अन्य पी ले,
अन्य का विष माँग कहता हे स्वजन तू और जी ले।
यह स्वयं जलता रहा देने अथक आलोक सब को
मनुज की छवि देखने को मृत्यु क्या दर्पण नहीं है।
अश्रु यह पानी नहीं है, यह व्यथा चंदन नहीं है!

शंख कब फूँका शलभ ने फूल झर जाते अबोले,
मौन जलता दीप, धरती ने कभी क्या दान तोले?

खो रहे उच्छ्वास भी कब मर्म गाथा खोलते हैं,
साँस के दो तार ये झंकार के बिन बोलते हैं,
पढ़ सभी पाए जिसे वह वर्ण-अक्षरहीन भाषा
प्राणदानी के लिए वाणी यहाँ बंधन नहीं है।
अश्रु यह पानी नहीं है, यह व्यथा चंदन नहीं है!

किरण सुख की उतरती घिरतीं नहीं दुख की घटाएँ,
तिमिर लहराता न बिखरी इंद्रधनुषों की छटाएँ
समय ठहरा है शिला-सा क्षण कहाँ उसमें समाते,
निष्पलक लोचन जहाँ सपने कभी आते न जाते,
वह तुम्हारा स्वर्ग अब मेरे लिए परदेश ही है।
क्या वहाँ मेरा पहुँचना आज निर्वासन नहीं है?
अश्रु यह पानी नहीं है, यह व्यथा चंदन नहीं है।

आँसुओं के मौन में बोलो तभी मानूँ तुम्हें मैं,
खिल उठे मुस्कान में परिचय, तभी जानूँ तुम्हें मैं,
साँस में आहट मिले तब आज पहचानूँ तुम्हें मैं,
वेदना यह झेल लो तब आज सन्मानूँ तुम्हें मैं!
आज मंदिर के मुखर घड़ियाल घंटों में न बोलो
अब चुनौती है पुजारी में नमन वंदन नहीं है।
अश्रु यह पानी नहीं है, यह व्यथा चंदन नहीं है।

गीत

दु:ख आया अतिथि द्वार
लौटा न दो।
तुम नयन-नीर उर-पीर
लौटा न दो!

स्वप्न का क्षार ही
पुतलियों में भरा,
दृष्टि विस्तार है
आज मरु की धरा,
दु:ख लाया अमृत सिंधु में डूबकर
यह घटा स्नेह-सौगात
लौटा न दो।

प्राण अभिशप्त हो
बन गए हैं शिला
न उस पर रुका पल
न युग ही चला,
दु:ख की पगछुवन शाप की मुक्ति है
कह इसे तुम पक्षघात
लौटा न दो।

उड़ गए भाव के
हंस मोती पले,
सूखता मान-सर
साँस के तट जले
दु:ख ने शिव जटा से निचोड़ा जिसे
तुम वही पुण्य जल आज
लौटा न दो।

यह गगन नीलिमा है
सदय छाँह-सी,
यह क्षितिज-रेख घेरे
सुहृद बाँह-सी,
स्वर्ण जूही विपिन-सी उतरती किरण,
तुम समझकर प्रलयरात
लौटा न दो।

दु:ख आया अतिथि आज
लौटा न दो।
तुम नयन-नीर उर-पीर
लौटा न दो।

दीपक *

धूलि के जिन लघु कणों में है न आभा प्राण,
तू हमारी ही तरह उनसे हुआ वपुमान।

आग कर देती जिसे पल में जलाकर क्षार,
है बनी उस तूल से वर्ती नई सुकुमार।

तेल में भी है न आभा का कहीं आभास,
मिल गए सब तब दिया तूने असीम प्रकाश।

धूलि से निर्मित हुआ है यह शरीर ललाम,
और जीवन-वर्ति भी प्रभु से मिली अभिराम।

प्रेम का ही तेल भर जो हम बनें निःशोक,
तो नया फैले जगत के तिमिर में आलोक।

* दीपक पर पहली कविता : सन 1916

बीज से

कहाँ ऊग आया है तू हे बीज अकेला?

यह वह धरती रही सभी को जो अपनाती,
नहीं किसी को गोद बिठाने में सकुचाती,
ऊँच-नीच का जिसमें कोई भेद नहीं है
इसमें आकर प्राण मुक्त प्राणों से खेला!

सघन छाँहवाले हों चाहे नीम-महावट,
अमृत फलवाले हों चाहे आम्र-आमलक,
इन विशाल तरुओं का संगी बना लिया है,
जिसने अंक बिठाकर अपने लघु दूर्वादल!
इस माटी में सदा सृजन का लगता मेला!

नीर-क्षीर से पाल इन्हें नव जीवन देती,
जो मुरझाते उन्हें स्नेह-आश्रय में लेती,
नहीं माधवी सुरभित या अंगूर लताएँ,
इसने तो काँटोंवाली झाड़ी को झेला।

स्नेह-तरल माटी में ही तो रहता जीवन
ये तो हैं पाषाण सभी सूखे नीरस मन।

अब न प्रतीक्षा कर स्नेहिल धरती माता की,
अब मत कर मनुहार मेघ जीवनदाता की,
अपने ही पौरुष से है तू आज दुकेला!

पग नीचे पाषाण चाँपकर शिर ऊँचा कर,
झेल चुनौती रवि की, नभ की आज न तू डर,
वे ही ऊँचे उठे बढ़े जो मौन अकेले,
उनसे ही यह काल सदा संगी-सा खेला!
कहाँ ऊग आया है तू हे बीज अकेला!

गीत

वेदना यह प्राण छंदस की सजल अक्षय कला है।

सीपियाँ अनगिन रहीं
कल्पांत तक मुख मौन खोले
स्वातियों ने तप किया
शत चातकों के कंठ बोले!

पर पता पाया न इसका,
भार झिल पाया न इसका,
अश्रु-मोती काल की निस्सीम सीपी में ढला है।

युग-युगों होता रहा
चिर विश्व मन का गरल-मंथन
हर लहर पर तैरता
आया चला यह कसककर कण,

पर न पहचाना किसी ने
गरल ही माना सभी ने
यह अमृत का घूँट विष के सात सागर में पला है।

नाप आया साँस का विस्तार
सपने तौल आया

सत्य था अनमोल उसको
आज यह बिनमोल लाया

शीश पर चिर सजल घन है
चरण तल अंगार-वन है
किंतु दुख-पंथी हृदय से आँख तक केवल चला है।

गीत

तुम तो हारे नहीं तुम्हारा मन क्यों हारा है?

कहते हैं ये शूल चरण में बिधकर हम आए,
किंतु चुभें अब कैसे जब सब दंशन टूट गए,
कहते हैं पाषाण रक्त के धब्बे हैं हम पर,
छाले पर धोएँ कैसे जब पीछे छूट गए?
यात्री का अनुसरण करें
इसका न सहारा है!
तुम्हारा मन क्यों हारा है?

इसने पहिन वसंती चोला कब मधुवन देखा?
लिपटा पग से मेघ न बिजली बन पाई पायल,
इसने नहीं निदाघ चाँदनी का जाना अंतर
ठहरी चिंतवन लक्ष्यबद्ध, गति थी केवल चंचल!
पहुँच गए हो जहाँ विजय ने
तुम्हें पुकारा है!
तुम्हारा मन क्यों हारा है!

गीत

क्यों पाषाणी नगर बसाते हो जीवन में?

माना सरिता नहीं,
नहीं कोई निर्झरिणी,
तपते दिन की ज्वाला से
झुलसी है धरिणी,
नहीं ओस का कण भी क्या अब रहा गगन में?

नहीं मंजरित आम
नहीं कोकिल का गायन,
पल्लव - मर्मर नहीं
नाचते नहीं शिखी गण,
क्या न जगाते तुम्हें काक भी अपने स्वन में?

खिलते पाटल नहीं
न चंपक वन फूले हैं
इस पथ को तितलियाँ
भ्रमर के दल भूले हैं!
पर काँटों की चुभन नहीं है क्या इस वन में!

माना चंदन - वन से
जो सुरभित हो आता,

इस उपवन में पवन
नहीं आता लहराता!
पर आँधी भी आज पड़ गई क्या बंधन में?

इस सन्नाटे से तो
हाहाकार भला है,
नहीं मरण वह तो
जीवन की ओर चला है!
माना सुख-युग नहीं वेदना-क्षण हो मन में।
क्यों पाषाणी नगर बसाते हो जीवन में?

न रथ-चक्र घूमे

न रथ-चक्र घूमे न पग-चाप आई
रहा शून्य मंदिर न तुम दृष्टि आए!

शिलाएँ हुईं रज घिसा नित्य चंदन,
तुम्हें खोजने को सुरभि है प्रवासी,
थके शंख का रुद्ध है कंठ भी अब
अलिंदों भरे फूल हैं आज बासी!
जले दीप ने प्राण अपने बुझाए!
रहा शून्य मंदिर न तुम दृष्टि आए!

तिमिर-सिंधु में पोत-सी खो गई है
अजर वेदिका की अमिट वज्र रेखा,
अगरु-धूम ने उठ क्षितिज को मिटाया
कलश का ग्रहण बन गई भस्म लेखा!
तभी तो हमीं ने गढ़ी मूर्ति अपनी
तभी तो नए साज अपने सजाए।
रहा शून्य मंदिर न तुम दृष्टि आए!

लगाकर तिलक शुभ्र श्रम बिंदुओं का
सजा अंग पर मृत्तिका अंग-लेपन,

बिंधे शूल से और छाले सँजोए,
लिए पग थके, पर लिए अनथका मन,
हमीं वेदिका पर तुम्हारी विराजे
तुम्हारे उपासक हमीं पर लुभाए!
रहा शून्य मंदिर न तुम दृष्टि आए!

न हम मुक्ति-वर की प्रथा जानते हैं
दृगों में लिए अश्रु-संजीवनी हैं,
जहाँ गिर गई बूँद धरती हरी है
नई भूमिका नव सृजन की बनी है!
न जाना तुम्हें औ' न पहचान पाए
तुम्हीं मुग्ध हो प्राण में आ समाए!
रहा शून्य मंदिर न तुम दृष्टि आए!

भले, साँस के तार दुहरे रहेंगे
लगा धूप-नैवेद्य मेला रहेगा,
मगर शंख में जय-कथा है हमारी
यही देव-विग्रह अकेला रहेगा!
हमारी सजल दृष्टि ने दीप बाले
तुम्हारी हँसी में सुमन मुस्कराए!
रहा शून्य मंदिर न तुम दृष्टि आए!

गीत

वीणावादिनि ! कस लिया आज क्या अग्नि-तार ?
आँखों का पानी चढ़ा-चढ़ा कर अग्नि-तार !

रवि-शशि-तूंबों में विकल रंगभीनी आँधी,
नक्षत्र-खूँटियों पर किरणें खींची बाँधी,
आघातों पर खुलते जीवन के रुद्ध द्वार !

चिनगारी - केसर लौ - मरन्द, आभा - कुड्मल,
हैं झूम रहे स्वर-ग्रामों के चंचल अलि-दल,
तेरा लपटों का कमल खिला है सहस्रार।

तेरे संकल्पों की प्रतिमा जो शुभ्र गात
वह हंस हो गया विद्युत् का खग ज्वाल-स्नात !
पंखों को छू तम हुआ अर्चि का हरसिंगार !

झंकार-मूर्च्छना के कूलों पर ठहर ठहर,
भू-नभ छू लेती राग-सिन्धु की मुक्त लहर,
तालों पर उठता-गिरता है आलोक-ज्वार !

कण आज बह चले बन स्वप्नों के ज्वलित दीप,
क्षण ठहर गए बन कर गीतों के मुखर सीप,
नभ कहता मुझको आज धरा पर दो उतार!

वीणावादिनि! कस लिया आज क्या अग्नि-तार!

गीत

नहीं हलाहल शेष, तरल ज्वाला से अब प्याला भरती हूं।

विष तो मैंने पिया, सभी को व्यापी नीलकण्ठता मेरी,
घेरे नीला ज्वार गगन को, बाँधे भू को छाँह अँधेरी,
सपने जम कर आज हो गए चलती-फिरती नील शिलाएँ,
आज अमरता के पथ को मैं
जल कर उजियाला करती हूँ।

हिम से सीझा है यह दीपक आँसू से बाती है गीली,
दिन के धनु की आज पड़ी है क्षितिज-शिंजनी उतरी ढीली,
तिमिर कसौटी पर पैना कर चढ़ा रही मैं दृष्टि-अग्निशर,
प्रभा-जल में फूट बहे जो
हर क्षण को छाला करती हूँ।

पग में सौ आवर्त बाँध कर नाच रही घर-बाहर आँधी.
सब कहते हैं यह न थमेगी, गति इसकी न रहेगी बाँधी,
अंगारों को गूँथ बिजलियों में, पहना दूँ इसको पायल,
दिशि-दिशि को अर्गला
प्रभंजन ही को रखवाला करती हूँ।

क्या कहते हो अंधकार ही देव बन गया इस मंदिर का?
स्वस्ति! समर्पित इसे करूँगी आज अर्घ्य अंगारक-उर का
पर यह निज को देख सके जो देखे मेरा उज्ज्वल अर्चन,

इन साँसों को आज जला मैं
लपटों की माला करती हूँ।

नहीं हलाहल शेष, तरल ज्वाला से मैं प्याला भरती हूँ।

गीत

चातकी हूँ मैं किसी करुणा-भरे घन की।

खो रहे जिनके तमस में
ज्योति के खग ज्वाल के शर,
पीर की दीपित धुरी पर
घूमते वे सात अम्बर,
सात सागर पूछते हैं
साध लघु मन की।
चातकी हूँ मैं किसी करुणा-भरे घन की।

जब खुली पाँखें दिवस ने
पाल लपटों के समेटे,
जब मुँदी आँखें गगन के
स्वप्न भू से, उतर भेंटे,
अश्रु से मुक्तावती है
सीप रजकण की।
चातकी हूँ मैं किसी करुणा-भरे घन की।

बज रहे हैं रन्ध्र मन के
एक करुण पुकार से भर,
दूब-अक्षर में उभर आए
व्यथा के मौन के स्वर,

प्यास मेरी लौटती
बन छाँह सावन की।
चातकी हूँ मैं अजर करुणा-भरे घन की।

गीत

टकरायेगा नहीं आज उद्धत लहरों से,
कौन ज्वार फिर तुझे पार तक पहुँचायेगा?

अब तक धरती अचल रही पैरों के नीचे,
फूलों की दे ओट सुरभि के घेरे खींचे,
पर पहुँचेगा पथी दूसरे तट पर उस दिन
जब चरणों के नीचे सागर लहरायेगा।
कौन ज्वार फिर तुझे पार तक पहुँचायेगा?

गर्त शिखर बन उठे लिए भँवरों का मेला,
हुए पिघल ज्योतिष्क तिमिर की निश्चल बेला,
तू मोती के द्वीप स्वप्न में रहा खोजता,
तब तो बहता समय शिला-सा जम जायेगा।
कौन ज्वार फिर तुझे पार तक पहुँचायेगा?

लौ से दीपित हुईं देव-प्रतिमा की आँखें,
किरणें बनीं पुजारी के हित वर की पाँखें,
वज्र-शिला पर गढ़ी ध्वंस की रेखाएँ क्या
यह अंगारक हास नहीं पिघला पायेगा?
कौन ज्वार फिर तुझे पार तक पहुँचायेगा?

धूल पोंछ काँटे मत गिन छाले मत सहला
मत ठंडे संकल्प आँसुओं से तू नहला।

तुझसे हो यदि अग्नि-स्नात यह प्रलय महोत्सव
तभी मरण का स्वस्ति-गान जीवन गायेगा।

टकरायेगा नहीं आज उन्मद लहरों से
कौन ज्वार फिर तुझे दिवस तक पहुँचायेगा?

गीत

राह थी अँधेरी पर गीत संग-संग चला!

उठकर आरोह ने बवंडर को साध लिया,
उतरे अवरोह ने तरंगी को बाँध लिया,
स्वर्ण जुही फूल उठी
जहाँ दीपराग जला।
राह थी अँधेरी पर गीत संग-संग चला!

नापा आलापों ने मूर्च्छना ने तोल लिया,
शूल में समाकर हर पग को अनमोल किया,
लय ने अंगारों पर
चन्दनी पराग मला!
राह थी अँधेरी पर गीत संग-संग चला!

पात गुनगुनाता अब सागर दुहराता है,
बादल अनुवादक, नभ रंगों में गाता है,
सीख कौन पाया
अब तक यह छन्द-कला!
राह थी अँधेरी पर गीत संग-संग चला!

स्वर के शत बिम्बों ने एक पल अनन्त किया,
सातों आकाशों के शून्य को वसन्त दिया!

मृत्यु ने इसे न छुआ
काल ने इसे न छला!
गीत संग-संग चला!